Ofensa en el Fútbol

Chest Dugger

Tabla de Contenido

Regalo Incluido 3
SOBRE EL AUTOR 5
DESCARGO DE RESPONSABILIDAD 7
Introducción 8
Por Qué Las Jugadas Ofensivas Son El Corazón Del Fútbol .. 10
La Etapa De Transición 15
Jugadas 27
Tácticas Ofensivas De Juego Abierto - Creando El Espacio Como Un Equipo 44
Conclusión 65

Regalo Incluido

Como parte de nuestra dedicación para ayudarte a tener éxito en tu carrera, te hemos enviado una hoja de ejercicios de fútbol gratis. Esta es la hoja de ejercicios llamada "Hoja de trabajo de entrenamiento de fútbol". Es una lista de ejercicios que puedes usar para mejorar tu juego; así como una metodología para rastrear tu desempeño en estos ejercicios en el día a día. Queremos llevarte al siguiente nivel.

Haz clic en el siguiente enlace para obtener tu hoja de ejercicios gratis.

https://soccertrainingabiprod.gr8.com/

También puedes conseguir este audiolibro gratis en Audible junto con una membresía gratis de 1 mes en esta plataforma. Sólo tienes que inscribirte usando el enlace de abajo:

https://www.audible.com/pd/B07G24HPWN/?source_code=AUDFPWS0223189MWT-BK-ACX0-23516&ref=acx_bty_BK_ACX0_123516_rh_us

SOBRE EL AUTOR

Chest Dugger es el seudónimo de nuestro equipo de entrenamiento de fútbol, Abiprod. Abiprod es un equipo de apasionados entrenadores profesionales y aficionados, con base en el Reino Unido y Australia. Puedes vernos en www.abiprod.com

Hemos sido fans del deporte durante décadas, entrenando a los equipos juveniles y mayores. Como todos los aficionados al fútbol en todo el mundo, vemos y jugamos este juego tanto como podemos. Ya seamos fans del Manchester United, el Real Madrid, el Arsenal o el Galaxy de Los Ángeles, compartimos un amor común por este increíble deporte.

A través de nuestras experiencias, hemos notado que hay muy poca información para el común de los fanáticos del fútbol que quiere elevar su juego al siguiente nivel. O hacer que sus hijos empiecen este camino. Esto es especialmente cierto para los que viven fuera de Europa y América del Sur.

El entrenamiento y la metodología del fútbol es bastante raro incluso en países ricos como EE.UU. y Australia.

Siendo apasionados por el juego, queremos hacer llegar el mensaje al mayor número de personas posible. A través de nuestro blog de entrenadores, libros y productos, queremos traer lo mejor del entrenamiento de fútbol al mundo. Aunque estamos empezando en EE.UU. y Australia, cualquier apasionado por el deporte puede usar nuestras tácticas y estrategias.

DESCARGO DE RESPONSABILIDAD

Copyright © 2020 Todos los derechos reservados

Ninguna parte de este libro puede ser transmitida o reproducida en ninguna forma, incluyendo la impresa, electrónica, fotocopia, escaneo, mecánica o grabación, sin el permiso previo por escrito del autor.

Si bien el autor ha hecho todo lo posible por garantizar la exactitud del contenido escrito, se aconseja a todos los lectores que sigan la información aquí mencionada por su cuenta y riesgo. El autor no se hace responsable de ningún daño personal o comercial causado por la información. Se alienta a todos los lectores a que busquen asesoramiento profesional cuando lo necesiten.

Introducción

Gracias por comprar este libro. El fútbol es el deporte en equipo más popular del mundo. Incita a la pasión en los jugadores, expertos y partidarios y conduce a una enorme lealtad a los seguidores. Es el más simple de los juegos, pero uno en el que las habilidades tácticas pueden ser superpuestas como podríamos encontrar en el más cerrado de los partidos de ajedrez.

Pero el aspecto del fútbol que levanta a las multitudes, las anima y, por lo general, ofrece la mayor emoción tanto a los jugadores como a los aficionados es cuando un equipo ataca. La magnífica pieza de habilidad individual, el pase penetrante que divide una defensa como un cuchillo caliente cortando un trozo de mantequilla, el tiro o el cabezazo que aterriza directo en la red. Eso es lo que está en el corazón del fútbol.

Y el juego está cambiando definitivamente para ver que las filosofías ofensivas superan a las formaciones defensivas como los principios por los cuales los equipos principales orquestan su juego. Desde los grandes equipos del Arsenal de finales de los 90 y principios de los 2000, bajo la tutela de Arsene Wenger, pasando por el desarrollo del juego tiquitaca del equipo novato barcelonés, hasta el estilo de ataque fuerte y de alta presión de jugadores como

Pep Guardiola, que, por supuesto empezó con los gigantes españoles, y Jurgen Klopp, los mejores equipos de club han construido su éxito en el juego ofensivo, confiando en sí mismos para superar al rival en cualquier partido.

Y todo esto ha sido para el beneficio del fanático, que ve más goles, el 0-0 táctico o la esperanza de un gol a partir de una jugada para apenas animar una aburrida y segura exhibición de fútbol se han eliminado en gran parte del repertorio de la historia del fútbol.

Este libro se ocupará de las jugadas ofensivas. Ofrecerá una visión a los entrenadores, jugadores y aficionados, jóvenes y viejos, y proporcionará ejercicios y análisis que pueden ayudarnos a entender mejor el juego y producir una mayor calidad en las jugadas de ataque nosotros mismos, o con nuestros equipos.

Esperamos que lo encuentres interesante e informativo. Y que haga que tu equipo, tu entrenamiento o tu propio juego ofensivo sea más efectivo.

Por Qué Las Jugadas Ofensivas Son El Corazón Del Fútbol

El fútbol es el deporte de equipo más jugado del mundo. Cuando tres niños dejan sus camisas en el césped del parque, y empiezan a patear la pelota alrededor, ¿a qué juegan? Un portero y dos para disparar, o hacer un pase cruzado y dirigir el balón.

Juegan al fútbol de ataque. Sí, el arte del mediocampo y las tácticas de defensa como las que verías en una partida de ajedrez son interesantes por sí mismas, volveremos a esto más tarde, pero lo que queremos ver, ya seas aficionado, jugador o entrenador - es emoción, algo de acción al marcar goles.

Pasemos un rato considerando a los mejores jugadores de todos los tiempos. ¿Quién podría aparecer en nuestra lista de los diez mejores de todos los tiempos? Bueno, Pelé tiene que estar allí, por supuesto. Probablemente el mayor exponente que el juego ha visto. Maradona, a pesar de sus problemas posteriores, poseía el tipo de talento que podía encender el campo. Si nos trasladamos a los jugadores modernos, Lionel Messi y Ronaldo probablemente merecen su lugar en esta lista, especialmente el primero, que muchos sienten que es el único rival real del gran brasileño mencionado anteriormente. El poderoso húngaro Ferenc Puskas, jugador estrella de los Mighty Magyars, está en la lista, al igual que las escurridizas habilidades de George Best, un jugador que nunca llegó al escenario más grande de todos. La máquina goleadora alemana, Gerd Muller es difícil de dejar fuera de cualquier lista. Johan Cruyff, el gran holandés del poderoso equipo de fútbol de los 70 es el octavo jugador. Tal vez el mercurial Michel Platini sea el número nueve de la lista y el increíble Eusebio debería aparecer también. Algunos fanáticos añadirán a Zinedine Zidane en lugar de uno de los anteriores.

Pero consideremos algunos de los grandes que se han perdido de esta lista. ¿Cuántos encontrarían un lugar para los grandes Bobby Moore y Franz Beckenbauer, tal vez los mejores defensores que hayan aparecido en el campo? O Lev Yashin, probablemente el mejor portero de la historia que ha parado no menos de 150 penales en su carrera.

El caso es que ese primer párrafo está lleno de grandes atacantes, o mediocampistas ofensivos; el segundo está lleno de jugadores defensivos. Podemos mencionar gente como Beckenbauer y Yashin, tal vez algunos de nosotros los agregaríamos, pero no son los primeros jugadores que vienen a la mente (a menos que el amor por la defensa sea lo que nos motiva en el juego). No, el fútbol se trata de atacantes, jugadores ofensivos que hacen que las cosas sucedan. Podemos admirar una gran salvada, una intercepción magníficamente temporizada o una jugada perfectamente colocada, pero es el disparo directo, las fintas, los asombrosos pases lo que más a menudo nos pone de pie.

Una prueba más del dominio del juego de ataque en nuestro deporte puede verse cuando consideramos a los jugadores más caros de todos los tiempos. Aunque entristece a muchos, el fútbol hoy en día es un gran negocio en los niveles más altos, y los dueños súper ricos de los clubes no aceptarán hacer grandes gastos a menos que traigan beneficios, ya sean trofeos, cifras de multitudes o ventas de mercancía. Son los jugadores ofensivos los que las entregan, y por eso cuestan más dinero.

Considera la siguiente lista:

1. Neymar Jr - de Barcelona al PSG en 2017 por 277 millones de dólares; un delantero.
2. Kylian Mbappe - de Mónaco al PSG en 2018 por 234 millones de dólares; un centrocampista de ataque
3. Phillipe Coutinho - de Liverpool a Barcelona en 2018 por 204 millones de dólares; un Número 10.
4. Ousmane Dembele - del Borussia Dortmund al Barcelona en 2017 por 136 millones de dólares; un mediocampista de ataque.

5. Paul Pogba - del Juventus al Manchester United en 2016 por 124 millones de dólares; se considera a sí mismo como un centrocampista ofensivo, aunque juega (no con mucho éxito, se podría argumentar) un papel más profundo en el Manchester United, un equipo de mentalidad bastante defensiva.
6. Gareth Bale - de los Spurs al Real Madrid en 2013 por 120 millones de dólares; un atacante amplio.
7. Cristiano Ronaldo - del Manchester United al Real Madrid en 2009 por 117 millones de dólares; un delantero
8. Gonzalo Higuaín - de Nápoles a la Juventus en 2016 por 105,5 millones de dólares; un delantero
9. Luis Suárez - un delantero de Liverpool a Barcelona en 2014, Romelu Lukaku, un delantero del Everton al Manchester United por 105 millones de dólares en 2017 y, finalmente, un defensor completa esta lista. Virgil Van Dijk fue comprado a Southampton por Liverpool en 2018. Cada uno de estos jugadores cuesta 105 millones de dólares.
10. El único otro jugador que costó más de 100 millones de dólares fue Neymar Jr. una vez más,

cuando se mudó al Barcelona, desde el Santos, en 2013.

Así que, de los 12 jugadores más caros de todos los tiempos, todos menos uno, tienen mentalidad de ataque. Si continuamos la lista para abarcar a los veinte futbolistas más caros de la historia, encontramos un par de mediocampistas ofensivos y el resto son delanteros. Por lo tanto, si aceptamos que el juego ofensivo es lo que atrae a la multitud a los estadios, proporciona la mayor emoción en el juego y es la razón principal para participar en el deporte, entonces debemos mirar los tipos de jugadas de ataque que proporcionan este tipo de emoción deportiva.

La Etapa De Transición

En los siguientes capítulos veremos las jugadas desde una perspectiva de ataque. Consideraremos los saques de esquina, los tiros libres en posición de tiro directo, los tiros libres desde ángulos amplios, los saques de banda y los penaltis. Veremos las habilidades del juego ofensivo que pueden llevar a los goles: fintar, pasar y disparar. Se considerarán las formaciones, y cómo pueden apoyar al fútbol ofensivo y veremos cómo se pueden desarrollar los pases para crear oportunidades. De hecho, intentaremos cubrir todas las bases mientras buscamos demostrar los secretos del fútbol de ataque.

Pero comenzaremos considerando las circunstancias en un juego que a menudo conduce a tiros a puerta, es decir, la transición de la defensa al ataque, y la forma en que esto puede conducir, para los mejores equipos, a jugar al contraataque. En otras palabras, capitalizar el punto en el que se gana la posesión, y cómo una inyección de velocidad y una buena toma de decisiones en esta situación puede explotar la falta de organización defensiva en los equipos que se encontraban jugando de forma ofensiva un momento antes.

En el momento de escribir este libro, eran los octavos de final de la Liga de Campeones en Europa. Un partido en particular tipificó la manera en que la fase de transición está tomando el control del fútbol mundial. El partido fue el Barcelona contra el Chelsea. La primera etapa en España había terminado, lo que significaba que el club inglés necesitaría un empate de alta puntuación o una victoria para progresar. El Barcelona es, por supuesto, probablemente el mejor club del mundo en este momento; ya que la mayoría argumentaría que el fútbol de club se juega ahora en un nivel de élite más alto que el fútbol internacional, eso posiblemente hace que el equipo español sea el mejor del mundo.

Bueno, el Chelsea estuvo magnífico - sus fanáticos, los que se consideran neutrales e incluso sus detractores no pudieron dejar de impresionarse por la forma en que llenaron de disparos la portería del Barcelona, golpeando la madera dos veces. El Barcelona, por su parte, estaba a la zaga, persiguiendo sombras y atrapado en su propia mitad. ¿El resultado final? Barcelona 3 Chelsea 0. Nunca una línea de puntuación como esta ha fallado en reflejar el progreso de un partido.

Y la razón de este resultado unilateral fue que el Chelsea cometió cuatro errores, entregando el balón en cada ocasión al lanzar un ataque. El Barcelona marcó en tres de estos errores, y en el cuarto todavía dio en el blanco, con Courtois, el portero belga del Chelsea haciendo una buena parada.

El primero vio un rápido intercambio de pases antes de que el delantero uruguayo Luis Suárez pasara a través de Lionel Messi para marcar desde un ángulo imposible. El segundo vio al propio Messi ganar el balón justo dentro de su propia mitad, y rompió a gran velocidad, golpeando a dos defensores antes de tirar el balón hacia atrás para que Dembele se metiera en el techo de la red. El tercero volvió a ver al Chelsea desposeído en la mitad del Barcelona, mientras buscaban lanzar otro ataque. Los españoles se adelantaron con cuatro jugadores y en un rápido intercambio de pases volvió a ver al gran argentino, Messi, anotar bajo para superar al portero.

Más allá de eso, todo fue del Chelsea.

Pero con tal importancia ahora asociada a la transición - para nuestros propósitos en este libro la que se encuentra entre la defensa y el ataque en lugar de al revés - vale la pena pasar algún tiempo mirando las tácticas que se emplean, y cómo los equipos pueden configurarse para maximizar sus capacidades ofensivas en tales situaciones.

Convirtiendo La Defensa En La Ofensiva, La Teoría

Cuando un equipo gana el balón, debe buscar explotar los huecos en las líneas defensivas contrarias que se han producido porque el oponente estaba atacando. Tiene que funcionar a toda velocidad, antes de que la oposición pueda reorganizarse.

Etapa uno – Conciencia del campo

Se debe alentar a los jugadores a desarrollar su conciencia de los espacios en el campo desde una edad temprana. Esto implica animarlos a escanear el campo periódicamente. Esto no sólo les ayudará a cumplir con sus propios deberes defensivos cuando no estén en posesión, sino que también les ayudará a identificar las líneas de ataque cuando recuperen la posesión.

Esto les ayudará a hacer sus corridas hacia los espacios si no están en posesión, y a saber por dónde pasar si lo están.

Ejercicio: Esta habilidad se enseña mejor en el juego, especialmente en los partidos pequeños. El entrenador da la instrucción de "escanear" mientras se juega. Después de un tiempo, se convertirá en algo natural para los jugadores hacer esto. Al final de las sesiones, se debe dedicar algún tiempo durante la retroalimentación para analizar la cantidad de veces que cada jugador escaneó el campo. Debería ser cada pocos segundos.

Identificando los puntos de transición

Los buenos equipos cazan en manadas. Los jugadores conocen sus roles en cualquier situación. Cuando no están en posesión, siempre deben ocuparse de uno de los siguientes cuatro deberes:

> 1. Presionar al jugador con la pelota. Este será normalmente el jugador más cercano cuando el balón sea recibido por el oponente.
>
> 2. Apoyar al jugador que ejerce la presión. Esto es importante cuando el rival está en posición de disparar o hacer un pase que pueda crear una oportunidad de gol. Por lo general, será el segundo jugador más cercano al oponente con el balón.
>
> 3. Marcar a un jugador. Algunos equipos se establecerán con marcación hombre a hombre, aunque como concepto esto se está volviendo un poco anticuado.
>
> 4. Marcar un espacio. Aquí, los jugadores identifican y cubren las áreas del campo en las que los oponentes pueden hacer una carrera o un pase. Cubrir

un espacio también podría incluir ser el jugador "externo" al que se le hará un pase si se produce la transición.

Ejercicio: Juega 5 vs 5 o 6 vs 6 en una gran cuadrícula de 30x20 m. El objetivo es mantener la posesión. El entrenador fomenta la comunicación en el campo, ya que los jugadores se instruyen unos a otros sobre si deben hacer presión o cubrir. El entrenador puede necesitar ser la persona que tome esta decisión inicialmente, pero en última instancia es importante que el equipo lo haga. Cuando se pierde la posesión, los roles simplemente se invierten, con el objetivo de mantener la posesión.

La habilidad se desarrolla cuando los equipos identifican los posibles puntos de transición.

Por lo general, estos son uno de los siguientes:

- Cuando un jugador que recibe un pase tiene un mal primer toque, y el balón se le escapa.
- Cuando el jugador en posesión lucha bajo la presión de un oponente, y el jugador en cubierta también se une para despojar al oponente.
- Cuando un pase es desviado, o difícil de controlar para un jugador bajo presión, como a la altura de la cabeza o con un mal balanceo. Un pase

hecho bajo presión es menos probable que sea preciso que uno hecho cuando el pasador está en mucho espacio.

Ejercicio: Aún con nuestro pequeño partido, introducimos el concepto de detectar una probable etapa de transición. Cuando se identifica uno de los errores anteriores, los jugadores necesitan conocer cuál es su trabajo.

- El jugador que hace el placaje o la intercepción normalmente necesitará un "pase de salida" porque no estará en total control de la pelota. Ese "pase de salida" debe ser corto y enviado a un jugador con espacio.
- Los jugadores atacantes necesitan correr en los espacios que han identificado a través de su escaneo regular. Estas carreras deben estar alejadas del receptor del balón, dando a ese jugador espacio para driblar a velocidad o pasar sin presión.
- Los compañeros de equipo deciden si apoyan el ataque o mantienen su formación. En un juego de 11 contra 11, cuatro o cinco jugadores deben comprometerse normalmente con el contraataque, mientras que otros se encargan de localizar a los que han hecho sus carreras y se aseguran de que

mantienen una forma defensiva sólida en caso de que la transición cambie de nuevo. Una vez más, el equipo del Chelsea con sede en Londres, fue un buen ejemplo reciente de cuando esto sale mal. Jugando en los cuartos de final de la Copa FA contra Leicester City, perdieron la posesión en el ataque, y Leicester contraatacó a toda velocidad. Sin embargo, comprometieron a demasiados jugadores en su jugada, y cuando el Chelsea volvió a ganar la posesión, sólo se necesitaron dos pases para dejar a un veloz delantero uno contra uno con el portero, contra el que marcó con facilidad.

- Jugando 7 vs 7 hasta 11 vs 11 el entrenador frecuentemente detiene el juego para señalar movimientos buenos e ineficaces, concentrándose en que cada jugador haga su trabajo cuando la transición ocurre. Cuando sea necesario, la transición puede ser creada artificialmente, ya que el entrenador detiene el juego y asigna la posesión al otro equipo. El juego continúa desde la posición en la que se detuvo.

Ejercicio: Esta vez, el entrenador podría empezar con situaciones de 6 contra 6 en el mismo campo de juego y una vez que los jugadores se hayan convertido en expertos en la toma de decisiones, aumentar los números de cada lado para crear una situación de partido realista. Sin embargo, el entrenador también debe recordar que cuanto mayor sea el número de jugadores de cada equipo, menos oportunidades individuales tendrán sus jugadores para participar activamente en el ejercicio, por lo que siempre se debe dedicar más tiempo a los ejercicios en partidos pequeños.

El ejercicio de 6 vs 6 ahora tiene una pequeña portería en cada extremo, pero no hay portero. Un equipo comienza con la posesión y busca crear una oportunidad de gol contra sus organizados oponentes. Si tienen éxito, la posesión simplemente cambia. Sin embargo, el propósito del simulacro es crear oportunidades de transición. Cuando la jugada se rompe y se produce la transición, es importante que cada jugador conozca su trabajo. Un jugador gana o intercepta la pelota. Otro se mueve al espacio para recibir el pase. Uno o tres más corren. Al menos dos mantienen buenas posiciones defensivas (una podría ser la ganadora inicial del balón) si el ataque se rompe.

Un buen punto de entrenamiento es detener a veces el contraataque antes de que se desarrolle completamente. El entrenador hace sonar su silbato, y todo el mundo se queda quieto. El entrenador puede entonces ayudar a los jugadores a analizar su posicionamiento y sus carreras. Las preguntas a plantear incluirían:

- ¿Has encontrado el espacio?
- ¿Estás creando espacio para el jugador en posesión al alejar a los defensores de sus posiciones elegidas?
- ¿Es un pase fácil para el jugador en posesión, o se ha creado suficiente espacio para que ese jugador drible a velocidad?
- ¿El equipo ha comprometido más o menos jugadores para la transición?
- ¿Qué comunicación tuvo lugar?

Otro punto importante del entrenamiento es que fomenta la flexibilidad entre los jugadores. Sí, un delantero es MÁS PROBABLE que se una al contraataque, al igual que los JUGADORES MÁS RÁPIDOS y los LATERALES que pueden crear espacio desde su amplia posición natural. El mejor JUGADOR DE PASES debería, idealmente, recibir el "saque de banda", ya que es más probable que haga el pase que llevará a una oportunidad de gol.

LOS DEFENSORES CENTRALES son los que tienen menos probabilidades de unirse al ataque y los que más probabilidades tienen de mantener sus posiciones si la fase de transición se invierte.

Sin embargo, el fútbol es un juego fluido, y los mejores equipos toman buenas decisiones en el momento, buscando los mejores resultados grupales desde la posición en la que están. Por lo tanto, el entrenador podría, en los ejercicios, sacar a los jugadores de sus posiciones normales para permitirles experimentar diferentes roles.

Ejercicio: Si bien es absolutamente cierto que los equipos necesitan reaccionar a la situación cuando se produce una transición, hay rutas "normales" que se pueden practicar. Normalmente, el saque de banda buscará ser jugado en una posición bastante central porque de ahí la mayoría de las opciones están disponibles. Normalmente los delanteros buscarán un ángulo amplio para crear espacio en el centro del campo. A menudo, los laterales, los mediocampistas amplios o los laterales de banda buscarán contraatacar en el ala opuesta a la que se mueve el delantero para maximizar las oportunidades de paso y crear el mayor desafío para la defensa repartida.

Los equipos pueden practicar esto en situaciones sin oposición. El ejercicio comienza con el balón yendo al interceptor, y los jugadores son colocados en posiciones realistas para la defensa por el entrenador. Luego practican los movimientos estándar, como se ha indicado anteriormente, de modo que cuando una situación de este tipo se presenta en el campo, los jugadores son entrenados para hacer buenas carreras.

La transición es un aspecto vital del juego ofensivo. La mayoría de los equipos están organizados contra ataques normales, y una vez que pueden llegar a una posición fuerte de líneas de 4-1-4 o 4-5 es muy difícil romperlas. Sin embargo, esa organización no está ahí en el punto de transición, ya que ellos mismos tendrán jugadores comprometidos fuera de posición para su propio ataque.

Trabajar en la transición no es sólo instintivo. Mientras que algunos jugadores son mejores que otros para ganar la posesión, hacer el pase decisivo, adelantarse en apoyo y hacer carreras, cada jugador puede mejorar en estas áreas con ejercicios regulares y una conciencia táctica desarrollada.

Es un aspecto del juego con el que todos los entrenadores, y los jugadores, deben familiarizarse, y practicar regularmente si quieren maximizar sus capacidades ofensivas. Esto es cierto para ellos como individuos, pero aún más importante para la contribución que pueden dar al equipo en conjunto.

Jugadas

Si la fase de transición es la forma más común de crear una oportunidad de gol, las jugadas también pueden ser una fuerte amenaza ofensiva. Son, por supuesto, las menos fluidas de los ataques de fútbol, y eso las hace más mejores para entrenar.

En este capítulo veremos una serie de jugadas ofensivas: los saques de esquina, saques, los tiros largos, los tiros libres de gran ángulo, los tiros libres de ataque indirecto y los tiros libres que pueden llevar a un tiro directo a la meta. También consideraremos las sanciones. En este capítulo se incluirán ejercicios para todas las jugadas, que el entrenador o el jugador pueden utilizar para maximizar el potencial de su equipo en esta importante área.

Jugadas - Algunos antecedentes

El análisis de los datos de las jugadas demuestra una serie de resultados. Ninguno es terriblemente sorprendente. Los equipos identificados como más fuertes anotan un porcentaje menor de sus goles en jugadas, quizás porque buscan que el balón se mueva rápidamente, en lugar de lanzarlo al cuadro.

Sin embargo, esos equipos tienden a convertir el mayor porcentaje de sus jugadas fijas en goles, quizás porque los oponentes se sorprenden cuando lanzan un ataque directo, y también porque tienen jugadores de mejor calidad para terminar con eficacia.

A menudo, los equipos con un mayor porcentaje de goles anotados en jugadas fijas anotan menos goles en total, lo que sugiere que cuando es posible atacar utilizando métodos alternativos, entonces esto es, en general, más exitoso.

También es más fácil defender las jugadas que el juego normal, porque los equipos pueden ser entrenados para proteger su objetivo de estas situaciones. Sin embargo, en cualquier nivel, las jugadas son importantes. Crean oportunidades de gol, y si un equipo es más débil que sus oponentes, pueden ser un gran nivelador. Sin duda, el tiempo dedicado a estas obras es un buen uso de los recursos utilizados en las sesiones de entrenamiento.

Saques de esquina

De hecho, muy pocos goles se originan desde las esquinas. Las estadísticas sugieren que la tasa está justo por debajo de un gol por cada setenta esquinas. Eso es aproximadamente un gol cada diez o doce partidos. Sin embargo, los saques de esquina son una característica habitual de los partidos, y esa cifra puede ser cuestionada por los datos de la Premier League inglesa de 2012/13, donde poco más de una décima parte de los goles totales marcados se originaron a partir de uno de estos tiros.

La razón de la tasa generalmente baja es que la precisión de los tiros (incluyendo los cabezazos) desde las esquinas es mucho más baja que en el juego normal. La razón de esto es fácil de entender. Debido a que las defensas se rompen para defenderse de los saques de esquina, los atacantes rara vez tienen tiempo o espacio para completar su intento de gol. Cuando los tiros son precisos es mucho más difícil colocarlos lejos del portero, y el número extra de cuerpos en el cuadro comparado con un juego normal significa que hay muchas más posibilidades de que un tiro sea desviado a lo ancho.

Además, la mayoría de los saques de esquina son despejados por las defensas, en lugar de llegar a un delantero. Sin embargo, se marcan suficientes goles para que valga la pena practicar. Los saques de esquina cortos suelen ser más efectivos que los largos, ya que éstos llevan a menos jugadores al área de penalización y ofrecen una posición de cruce desde puntos de partida más ventajosos. Las formaciones defensivas también son menos efectivas porque los jugadores de éstas han sido sacados de su posición.

Ejercicio – Saque Largo de Esquina: Las estadísticas demuestran que hay tres áreas principales en las que se marcan goles directamente desde los saques de esquina. Estos son el poste cercano, donde el balón es lanzado de un tirón; el poste lejano, donde el balón evade a todos los defensores para alcanzar a un atacante que se encuentre atrasado, y alrededor de 6-10 yardas en el centro de la meta, a menudo aquí los goles se anotan debido a errores defensivos o como resultado de un segundo delantero, de un rebote o un mal despeje.

Por lo tanto, tiene sentido atacar estas áreas. La mejor manera de hacerlo dependerá del sistema defensivo utilizado por los oponentes, y como a menudo esto no se sabrá antes de que comience el juego, vale la pena trabajar en los ataques para ambos sistemas. Los dos sistemas defensivos son el de zona y el de marcación humana. Un sistema de zona coloca a los defensores en las áreas clave del área penal, con los jugadores posicionados para asegurar que los atacantes no reciban un disparo en su área. Sus puntos fuertes son que los mejores cabezazos del balón pueden ser colocados en las mejores posiciones, por lo que no debería haber espacio libre en las zonas clave de "marcación". La desventaja es que la defensa es estática, y los atacantes que corren hacia el espacio pueden evadir al defensor ya que vienen de un inicio en movimiento. La alternativa, el sistema de marcación humana tiene la ventaja de que debe evitar que cualquier atacante consiga un disparo o un cabezazo en el balón. Se cae cuando algo sale mal, y se pierde un atacante. Esto significa que el lado ofensivo puede recibir tiros libres desde posiciones peligrosas. Estadísticamente, el sistema de zona ha demostrado ser ligeramente más exitoso.

En cualquier caso, los ejercicios de ataque deben buscar poner a los jugadores en las siguientes posiciones:

- El poste cercano
- Centro de la meta
- El poste lejano
- Uno para "marcar" al portero
- Uno que venga por un saque corto, generalmente de la esquina más cercana de la portería.
- Dos que estén fuera para conseguir los rebotes o para hacer retroceder los saques.
- Dos que permanezcan en posiciones defensivas en caso de que el saque salga mal.

Cada jugador necesita cronometrar su carrera. Normalmente, los tres que buscan correr hacia el espacio para un dar un cabezazo comenzarán como un grupo, cada uno sabiendo a donde se dirige. Los jugadores buscan cronometrar su carrera para que se logre una jugada cerca del poste antes de que el defensor del poste cercano pueda despejar. El corredor del poste lejano retrasa su carrera, buscando llegar tarde y por lo tanto sin marcar. El delantero central no debe acercarse demasiado a la línea de gol, ya que tendrá que reaccionar a lo que pase cuando se cobre el saque de esquina.

El marcador del portero debe procurar permanecer delante del mismo, sin cometer ninguna falta, y moverse ligeramente fuera de la línea de meta para asegurarse de no caer en fuera de juego. Los "tiradores" deben buscar permanecer en el borde de la caja. Contra la marcación de zona, hacer las carreras es más fácil, pero contra la marcación humana, los tres corredores pueden ser protegidos por los dos "tiradores" para hacer más difícil la marcación. Los corredores deben variar sus carreras, quizás dando un pase en un sentido antes de acelerar hacia el otro, para ayudar a perder sus marcadores.

Sea o no un saque corto de esquina, los jugadores deben hacer sus carreras, reposicionándose si se hace esta jugada.

El que cobra los saques de esquina es la clave del éxito de la pieza de ataque. Este debería ser el mejor pateador de bola muerta. Generalmente, con un saque largo de esquina, el objetivo es el jugador del poste cercano para que estos puedan lanzar el balón, algo muy difícil de defender. Por lo tanto, el que cobra el saque debe pasar tiempo trabajando, sin oposición, con sus tres "corredores", especialmente el hombre del poste cercano, para que el cronometraje pueda ser perfeccionado.

Inswinger y Outswinger

Hay dos tipos de saques largos de esquina. El inswinger (tiro que vira hacia adentro o tiro cerrado) y el outswinger (tiro que vira hacia afuera o tiro abierto). En general, el outswinger es más efectivo. Es más probable para sacar al portero de su papel de despeje, ya que el balón estará demasiado lejos de la portería para que lo recoja. Un jugador de pie derecho que cobra un saque de esquina desde el lateral derecho producirá un outswinger, un jugador de pie izquierdo un inswinger.

Ambas formas deben practicarse para que se le dificulte el trabajo a la defensa.

Saques cortos de esquina

El objetivo aquí es crear un "jugador de repuesto" para que un cruce pueda ser entregado desde un ángulo diferente.

Ejercicio: Un jugador está junto al banderín de esquina, lo ideal sería que fuera un jugador que pudiera patear de forma natural un inswinger desde su lado, ya que el ángulo más amplio para el centro ahora hace que sea un arma ofensiva más efectiva. Su compañero empieza en la esquina del área de penalti. Este jugador corre hacia la pelota. El que cobra el saque de esquina hace un pase bajo, a 45 grados, a este jugador. El cobrador inmediatamente corre detrás de su compañero. Esto crea un 2 vs 1 en la situación de ataque, y un segundo defensor tendrá que venir a cerrar el balón. El receptor tiene una opción, si hay tiempo, conduce hacia la meta y patee. Lo más probable es haga primero un pase hacia atrás, al cobrador, que ahora patea un inswinger desde un ángulo más amplio.

Ejercicio: Tiradores: Los tiradores se alinean en el borde de la caja. El entrenador les da una variedad de pelotas, algunas a lo largo del suelo, otras rápidas, otras que rebotan, otras altas. El entrenador está recreando la situación de lo que podría pasar en el juego. Rara vez hay tiempo para dos toques, una buena defensa nunca ofrece tiempo para tres.

Los tiradores trabajan en dos habilidades. Disparo al primer o segundo toque. Un pase largo de volea hacia el cobrador del saque de esquina (que se ha movido desde la línea de banda hacia la esquina del cuadro) para un escenario así.

Es esencial que los tiradores no pierdan la posesión. Un saque de esquina de ataque puede dejar a un lado vulnerable, ya que la mayoría del equipo ha ido hacia adelante. Por lo tanto, cualquier pelota que se obtenga debe ser pasada de inmediato, para mantener el ataque, pero también limitar el peligro. O debe resultar en un disparo porque en esa situación, incluso si no se anota un gol, el balón es probable que salga fuera de juego y permita al lado atacante reorganizarse defensivamente.

Los tiradores deben practicar el tiro bajo, porque con tantos cuerpos en una caja desde una esquina, hay una buena posibilidad de una desviación hacia la meta.

Tiro Libre Directo

Alrededor de un tercio del total de los goles marcados en el fútbol son resultado de jugadas a balón parado y el mayor porcentaje de éstos son de tiros libres directos. Sin embargo, todavía son relativamente raros y la mayoría de los especialistas profesionales sólo anotan uno o dos por temporada. Hay excepciones; en el primer trimestre de la temporada 2015/16 el brasileño William disparó once tiros libres. Golpeó el poste uno, tuvo tres salvados y anotó seis de sus intentos.

Es posible analizar las mejores posiciones para disparar un tiro libre, y también los mejores tipos de patadas a realizar. Podemos hacer que nuestros jugadores practiquen esto e identificar a los mejores tiradores de varias posiciones para utilizar los mejores resultados para el equipo.

Ejercicio: Nuestros jugadores pueden practicar el tipo de tiro libre directo que más éxito tiene en términos de devolución de goles. Este es un tiro curvo. La habilidad es golpear la pelota con la parte interior del pie, cerca de los dedos en lugar del empeine para asegurar el poder.

La carrera debe ser amplia, y el pateador golpea a la pelota. El seguimiento es completo y termina con el pie en alto. Esto imparte un giro de ambos lados, la curva de la pelota y el giro superior para hacer que esta caiga. Con estos elementos el balón puede ser golpeado lejos del portero, pero volverá para terminar dentro del poste, o en una dirección opuesta, se alejará del portero y encontrará la otra esquina. El elemento de giro superior permitirá a la pelota despejar la barrera, pero aun así caerá lo suficiente como para entrar en la meta.

Los tiros libres son difíciles de anotar, y requieren precisión, potencia, técnica y exactitud. Sin embargo, con la práctica los jugadores se volverán más hábiles en dar en el blanco.

Aunque los tiros con el empeine son más precisos, por lo general no se da suficiente potencia para vencer a un portero. El balón tiene que terminar en una esquina, idealmente en la esquina superior, pero se obtiene algún éxito con tiros en la esquina inferior. Los tiros de media altura, o los que terminan en una parte central de la meta, normalmente se salvan.

Los goles se suelen marcar en tiros libres lanzados en línea con la D del área de penal, y los que se realizan desde una distancia de 27 metros son los que tienen más probabilidades de acabar en la red. Esta distancia es lo suficientemente cercana para que la potencia o el tiro sea todavía difícil de atrapar para un arquero, y lo suficientemente lejos para que el balón despeje la barrera y baje a la altura de la portería después.

También vale la pena intentar un tiro de entrada desde áreas en línea con el borde del cuadro, pero desde una posición entre la esquina y la línea de banda, ya que es la segunda posición más exitosa para los goles. Sin embargo, en esta situación se debe dar un tipo de patada diferente. Los más exitosos aquí son los que rebotan en el centro de la meta y a unos 6 u 8 metros de distancia. Este tipo de fenómenos a menudo terminan en el rincón más alejado. Esto se debe a que los atacantes (y los defensores) correrán hacia el balón para disparar o despejar. Esto significa que los porteros tienen que esperar para intervenir hasta tarde en caso de que otro jugador (bajo este tipo de presión, uno de cada lado puede resultar en un disparo o desviación de la portería) haga contacto. Un tiro libre que rebota y se gira en una curva en el ángulo lejano desde esta posición puede a menudo vencer a un arquero porque su caída tardía significa que simplemente no podrá alcanzar el balón.

Ejercicio: El ejercicio para esto es similar al del disparo más central. Aunque el balón debe ser golpeado con firmeza, es el rebote y no la potencia lo que vencerá al portero aquí, por lo que más empeine puede ser usado. Normalmente hay una barrera más pequeña que hay que evitar. El simulacro puede incluir atacantes (y defensores) corriendo para tratar de conseguir un toque.

Asistencias de Tiro Libre

Aquí, estamos hablando de tiros libres cobrados hacia la caja para que los delanteros cabeceen o disparen a la portería. Esta es la forma más común de asistencia para marcar un gol de cabezazo a partir de alguna jugada, mejorando las estadísticas de los saques de esquina cómodamente. No es de extrañar que la mayor proporción de goles a partir de tiros libres se produzca cuando están entre el borde del área penal y alrededor de un tercio del camino de regreso a la línea de medio campo. La mayoría de los goles marcados se producen a partir de un tiro de esquina cerrado.

Este tipo de tiro libre presenta una gran dificultad para las defensas. Se alinearán lo más lejos posible para dar al portero tantas posibilidades de reclamar el balón como sea posible, ya que es la mejor defensa contra estas patadas, pero esto crea el problema de que una patada bien dirigida entra en una región abierta del campo, donde una corrida bien sincronizada podría terminar en un cabezazo libre. La mayoría de los goles se anotan desde el centro del área de la meta con estos tiros libres.

Ejercicio: Teniendo en cuenta lo anterior, los equipos deben practicar el lanzamiento de pelotas con movimiento y rapidez en el área de penalización, lo más cerca posible de la portería, pero donde el portero no pueda venir fácilmente a reclamar. Es un área de unos 8 metros de la línea de meta, dependiendo de qué tan lejos venga la patada. Cuanto más lejos, más tiempo tiene el portero para alcanzar el balón, por lo que el cruce debe ser más corto.

El simulacro se desarrollará añadiendo corredores para llegar al final de los cruces. Por último, hay que añadir la defensa, con los atacantes alineados de manera que protejan una carrera, por ejemplo, en un grupo de tres en el que uno hará la carrera, y los otros dos se encargan de que el marcaje humano sea difícil.

Otra táctica que puede practicarse es tener uno o dos delanteros en posición de fuera de juego antes de que se golpee el balón. Este jugador o jugadores se mueven entonces a un lado - es decir, lejos de la portería - cuando el balón es golpeado, distrayendo a los defensores de los objetivos haciendo carreras a las regiones del medio y del extremo del poste.

Los equipos deben entrenar desde ambos lados, usando un jugador de pie izquierdo y derecho si es posible.

Estadísticamente, cuando el balón está a más de veinticinco metros de la línea de banda, o más cerca de doce, se marcan pocos goles. En esta situación, los jugadores deben buscar la forma de hacer un tiro libre rápido, con el objetivo de utilizar el espacio antes de que la defensa se haya organizado.

Saque de Banda

Pocos goles se anotan como resultado de un saque de banda. En general, es mejor buscar un saque rápido antes de que un equipo se organice defensivamente y juegue el balón con un centro, o un pase cruzado para que un mediocampista corra. Sin embargo, a veces los equipos tienen un especialista en saques de banda largos, y esto puede convertirse en una gran amenaza para las defensas.

Tales saques deben ser siempre dirigidos en un lugar similar, para que puedan ser practicados. Un delantero alto debería ser el objetivo. Los defensas, normalmente incluyendo al portero, intentarán ganar el balón. La esperanza, desde una perspectiva de ataque, es que el segundo toque caiga en un atacante para un final simple.

Los saques de banda largos son más efectivos si son planos y rápidos. Con el objetivo de un golpe de ataque o defensivo, es mejor apuntar al poste cercano. La intención es estar lo suficientemente cerca del portero para tentarlo a acercarse.

Ejercicio: Cuando un equipo posee un jugador que domina los saques largos, debe trabajar en los tiros con precisión a una región, el objetivo es tener a un receptor y dos o tres corredores merodeando en el lugar de este jugador. Inicialmente, para mayor precisión, el simulacro puede practicarse sin defensas, aunque más tarde debería añadirse una para acercar la situación al escenario del día del partido.

Penales

Los penales contienen el menor número de variables y, por lo tanto, pueden analizarse e identificarse las mejores prácticas. Los jugadores pueden entonces practicarlos. Sin embargo, hay un factor en el cobro de un penal que hay que trabajar, y es la presión de la situación para el cobrador. Un penalti es la única ocasión en un juego en el que se espera que un delantero marque. Incluso un cara a cara con un portero deja al delantero en una posición en la que un gol no es más que un resultado de cincuenta - cincuenta, pero a partir de un penalti, hay una gran expectativa de marcar.

No es posible replicar ese tipo de presión en los entrenamientos. Sin embargo, por todo esto, sabemos que trabajar en cualquier habilidad en el fútbol ayudará a que mejore.

Sabemos que hay cuatro áreas de la meta donde el portero no podrá detener el tiro, estas son las esquinas superior e inferior a ambos lados de la portería. Sin embargo, el margen de error de estos es el más estrecho, y con presión es posible desviar un penal a estas áreas.

Golpear la pelota en línea recta es un buen método también. Los porteros casi siempre se arriesgan de una forma u otra, así que un disparo al centro, en particular uno elevado, da un amplio margen de error.

Los delanteros a veces también tratan de disfrazar su temporización con una pausa en la carrera para que el portero elija un lado antes de tiempo - entonces dirigen su patada al otro lado. Ciertamente vale la pena tener dos o tres penalistas regulares, que trabajen en la habilidad mientras entrenan. Sin embargo, en última instancia, depende del tipo de personalidad para saber qué jugadores lanzarán penaltis sin miedo, sabiendo que si fallan serán capaces de recuperarse. En este caso es la habilidad del entrenador para identificar este atributo en su equipo lo que debe ser agudizado.

Tácticas Ofensivas De Juego Abierto - Creando El Espacio Como Un Equipo

Hemos examinado las dos situaciones en las que el juego ofensivo de un equipo puede explotar una debilidad en la defensa; es decir, en el descanso tras la etapa de transición y en las jugadas a balón parado.

El tercer elemento para el juego ofensivo es durante el curso normal de un partido. Aquí, cuando una alineación defensiva está en su lugar, son los trucos y habilidades del equipo y de los individuos los que pueden crear la oportunidad de gol. Y por supuesto, es en el campo de entrenamiento donde los entrenadores pueden trabajar en tales movimientos para maximizar las oportunidades ofensivas de su equipo.

Jugadas en equipo: Creando espacio para un cruce

Podemos ver rápidamente cuando vemos las jugadas del equipo, cómo se trata en gran medida de conseguir un jugador extra en una situación de ataque para crear espacio para un pase de primera calidad, el cruce de un tiro. Por lo tanto, podemos ver también que al hacer esto, un equipo es vulnerable a perder el dominio si el control del balón pasa al otro equipo.

Hasta cierto punto, esto es inevitable, pero los mejores equipos buscan asegurarse de que sus ataques terminen en un tiro; incluso si está fuera de alcance, el hecho de que el balón quede fuera de juego les da tiempo para reorganizarse a medida que cambia la posesión.

Por supuesto, esto no siempre es posible, y los ataques a veces se rompen antes del punto en que se puede hacer un disparo; esta es la alegría del juego, y los mejores exponentes están demostrando que a través del juego de ataque, en última instancia, anotarán más de lo que concederán, y así llegarán a tener más éxito como equipo.

Una de las mejores maneras de crear una oportunidad de disparo (o de cabezazo) es crear espacio para un cruce en el área de penalización.

Hay dos posiciones principales para hacer un cruce. El primer enfoque, más tradicional, es que un jugador llegue a la línea de banda y tire el balón hacia atrás y hacia el área de penalización. Esto puede ser en el aire o, si las posiciones de la defensa lo permiten, patear a lo largo del suelo.

La segunda posición de cruce se está desarrollando más en el juego moderno, y es el cruce desde el mediocentro. Vamos a ver esto en breve, pero empezaremos con el cruce en la línea de banda.

Hay ejercicios que pueden practicarse para tener éxito en la consecución de estos cruces. Uno de los métodos se refiere a las habilidades individuales, que consideraremos en el próximo capítulo, pero aquí proporcionamos un ejercicio para crear una superposición y así permitir la ejecución de un cruce.

Ejercicio: El entrenador prepara conos para representar a los defensores. Hay ocho, en dos bancos de cuatro repartidos por el terreno de juego, uno situado en el borde del área, el otro aproximadamente 8-10 metros más arriba del terreno de juego. Hay tres jugadores atacantes en el simulacro.

El Jugador Uno comienza en el centro del campo en el círculo de la línea media, en la mitad de ataque. El jugador dos comienza a mitad de camino entre el borde de la D y la línea de meta, en la línea a medio camino. El Jugador Tres es el defensor y comienza en las líneas de meta cinco metros dentro de su propia mitad.

Dos le pasa la pelota a Uno y se adelanta. Tres se adelanta por lo ancho. Uno dribla el balón y lo pasa a Dos entre los bancos de los defensores. Dos pasa el balón a través de la línea final de defensores a la trayectoria de Tres. Uno y Dos continúan su carrera hacia la meta. Tres hace un cruce, alto o bajo. Uno o Dos se ponen al final del cruce para anotar.

Puntos de entrenamiento:

- Tres necesita correr hacia la pelota para inyectar el ritmo necesario en el ataque.
- El pase de Dos a Tres debe ser la primera vez, de nuevo para inyectar movimiento.
- El cruce de Tres tiene que estar lejos de donde estaría el portero.
- Cuando estén en el cuadro, Uno y Dos necesitan cambiar la dirección de sus carreras para que a cualquier defensor que los siga le sea difícil mantenerse cerca de ellos. Esa pequeña cantidad de espacio creado es lo que dará la oportunidad de tener un tiro al arco.

El simulacro puede convertirse en una sesión de ataque contra defensa, empezando 6 contra 6 más un portero. Aquí, la defensa se alinea en dos filas de tres. Los atacantes de repuesto están ahí para hacer carreras para alejar a los defensores (véase la sección "Hacer carreras" más adelante en el capítulo) y crear espacio para que Dos se interponga entre las líneas de defensa para entregar el pase asesino que lleva al centro y, con suerte, al gol.

La segunda forma de cruce es el de mediocentro, ejecutado a lo ancho, pero entre 12 y 30 metros atrás de la línea de banda. Este tipo de cruce es realmente como un tiro libre. Hay ventajas y desventajas de este enfoque. En el lado positivo, a menudo es una parte del campo donde hay espacio para que se produzca un pase de buena calidad. Aunque pocos goles salen del propio centro, normalmente el balón será cortado, o el atacante estará bajo demasiada presión para conseguir un potente cabezazo o disparo, la siguiente fase puede crear oportunidades de gol. Las defensas son empujadas hacia atrás creando espacio entre ellas y la siguiente línea de mediocampistas defensivos. En ese espacio, un hábil mediocampista puede recoger un mal despeje para entregar un pase asesino. El balón a veces se balancea después de un cruce de este tipo, dando lugar a oportunidades de tiro para el equipo ofensivo.

Sin embargo, por otro lado, es más probable que la posesión se entregue. Lógicamente, cualquier centro despejado tiene más de 50/50 de posibilidades de acabar con el rival, ya que tendrán tanto un portero que pueda recoger el balón, como más jugadores en la zona.

Sin embargo, estamos viendo más y más de este tipo de entrega en el juego moderno. Los mejores entrenadores basan los juegos de sus equipos en análisis, lo que indica que en general este tipo de cruce de mediocentro debe dar resultados, y como tal vale la pena incluirlo en cualquier arsenal de juego ofensivo.

Ejercicio: El secreto del cruce de mediocentro está en la entrega. Los jugadores pueden practicar esto fácilmente. En primer lugar, el simulacro involucra sólo a tres jugadores. El Jugador Uno comienza con el balón y lo deja con un pase corto al rango de cruce (ver arriba) al Jugador Dos. El jugador Dos toma un toque para cambiar el balón a una posición en la que pueda cruzar con su segundo toque.

Pasa el cruce, apuntando a que esté a la altura de la cabeza cuando pase el punto de penalización, o justo detrás. El jugador Uno corre hacia el borde del área de penalti para tapar cualquier espacio libre.

El jugador Tres actúa como portero para devolver el balón. El ejercicio se desarrolla añadiendo primero un delantero, luego dos defensores, luego un segundo atacante y un tercer defensor. En última instancia, se puede llevar a cabo en una sesión completa de ataque contra defensa. La calidad del cruce es todo, y el segundo elemento más importante es el apoyo para recoger los rebotes.

Jugadas en equipo: El cambio en juego

El reto de las jugadas ofensivas cuando un equipo se pone a la defensiva es crear el espacio para entregar el pase asesino. Cuando los equipos están organizados, es muy difícil encontrar espacio, y bajo presión incluso los mejores jugadores son más propensos a perder un pase clave que a hacerlo valer. La respuesta es encontrar un espacio para la asistir ese pase, ya sea que lleve directamente a una oportunidad de gol o cree la oportunidad de un centro.

Una forma de lograrlo es con el pase en juego. Esto hace que el balón cruce el campo en uno o dos pases (un máximo de tres es posible siempre que los pases sean bruscos). El objetivo es estirar la defensa moviéndola de un lado a otro, creando eventualmente espacio entre las dos líneas de defensa para que un mediocampista ofensivo lo explote con un pase o asistencia de calidad.

El cambio tiene lugar delante de la línea defensiva más lejana, teniendo cuidado de que cualquier atacante persistente sea incapaz de interceptar. Requiere que los cuatro de atrás, y tal vez un mediocampista de fondo, sean buenos pasadores y tengan un buen toque al recibir el balón.

El cambio se hace de lado a lado hasta que la defensa se desplaza de su posición. Esta también es una buena táctica a largo plazo, ya que significa que los defensores y el atacante solitario tienen que correr mucho para mantener su formación, mientras que el equipo en posesión hace mucho menos. En el transcurso del juego, esta diferencia en la carrera debe llevar a que se abran más espacios para el lado atacante mientras el equipo defensor se cansa.

Ejercicios: En cuanto a los ejercicios, las habilidades clave son el pase y el primer toque, y son las que hay que practicar. Un simple pase de tres en tres, cambiando de lado a lado, usando un toque para controlar y el segundo para pasar con firmeza ayudará a desarrollar la confianza y la técnica en los jugadores para usar de modo que puedan cambiar en el juego. Los puntos clave del entrenamiento son los siguientes:

- Golpea la pelota firmemente con el empeine, el pie que no patea debe estar firmemente plantado a un lado, el peso sobre la pelota.
- El receptor mueve el cuerpo para ponerse en línea y recibe al máximo (no están bajo presión y por lo tanto no necesitan recibir el balón en la mitad); su primer toque lleva el balón medio metro hacia el lado, permitiéndole pasar con su siguiente toque.

Jugadas en equipo: Conseguir que un centrocampista vaya más allá del delantero

Hacer las oportunidades de marcar contra una defensa bien organizada requiere, la habilidad de proporcionar una inyección de velocidad, y de conseguir jugadores extra en posiciones de gol.

Algunos jugadores son mejores en esto que otros, teniendo una "imagen" más clara de lo que está sucediendo a su alrededor, y por lo tanto sabiendo innatamente cuando hacer sus carreras hacia la meta. En esta sección estamos viendo las carreras hechas por los mediocampistas (o defensores, actuando como mediocampistas) en posiciones de gol en anticipación a un pase de un compañero de equipo, o un despido de un delantero.

Hay dos grandes beneficios de que los centrocampistas hagan carreras más allá de los delanteros, siempre y cuando acierten en el momento oportuno y permanezcan en el campo. En primer lugar, tales carreras son mucho más difíciles de rastrear para las defensas. El jugador defensivo que proporciona la cobertura para seguir este tipo de carreras no suele ser un defensor completo, y por lo tanto es probable que sea menos bueno para detectar las carreras y cubrirlas. Cuando un miembro de la última línea de defensa se ve obligado a seguir la carrera, esto crea un espacio para otros jugadores.

Ejercicios: Como en muchos ejercicios tácticos, esta habilidad se trabaja mejor inicialmente con una defensa estática, hecha de conos, a la que se añaden más tarde jugadores reales una vez que la sincronización y las habilidades se han arraigado en los jugadores pertinentes. Para que la situación sea más realista, se puede añadir un portero desde el principio.

Un buen ejercicio involucra a cinco jugadores, cuatro atacantes y el portero. El entrenador se prepara con bloques de cuatro conos para representar la defensa como en el ejercicio anterior en este capítulo.

El jugador Uno es el mediocampista que hace la carrera.

El jugador Dos es el mediocampista que hace el pase de asistencia.

El jugador Tres es el delantero.

El jugador Cuatro es el creador del espacio.

El jugador Cinco es el portero.

El jugador Dos empieza con la pelota. El jugador Tres se retrasa para un pase. El jugador Tres devolverá el balón al jugador

Dos para hacer la asistencia o lo lanzará más allá de la defensa. El jugador Cuatro hace un recorrido diagonal en la dirección del juego. El objetivo aquí es sacar a un defensor de su posición y así crear el espacio para que el Jugador Uno lo ocupe. Uno cronometra su carrera para estar a la altura del último defensor en el momento del pase, ya sea por el mediocampista o el delantero. Él o ella debe entonces correr hacia este pase y disparar más allá del portero.

Jugadas en equipo: carrera tardía

De manera similar a la carrera más allá del delantero, una carrera tardía es la que hace un mediocampista para llegar al segundo poste, o al borde del área, cuando el balón está desviado. La fuerza de una carrera tardía es que es difícil cubrir las defensas porque han sido sacadas de su posición por el desplazamiento del balón a lo ancho.

La persona que hace la carrera tardía tiene como objetivo obtener una de las siguientes jugadas:

- Uno de ellos se retira conscientemente por el centro, mientras que otros delanteros se dirigen al primer poste, llevándose a sus defensores.
- Recoger los balones que se pierden por los atacantes y los defensores

- Recoger los rebotes y las desviaciones.

Ejercicios: Los mismos ejercicios que para el cruce de la línea de banda pueden ser efectivos para trabajar en esta jugada en equipo. Sin embargo, se agrega el mediocampista tardío. Este jugador se dirige en una carrera angular hacia el poste lejano, mientras que los otros atacantes se dirigen al poste cercano o tiran de su carrera hacia el borde del cuadro.

Las habilidades clave para el jugador que se necesitan para desarrollar la carrera tardía son:

- Anticipación - esa capacidad difícil de definir de ver el panorama desplegándose ante tus narices.
- La voluntad de apostar a que la pelota terminará donde ellos hacen su carrera. Normalmente no lo hará, lo que significa que la carrera se ha desperdiciado. Por lo tanto, la resistencia a esto es muy importante.
- La habilidad de anotar con ambos pies - la pelota vendrá rápidamente, y a menudo la situación es complicada con muchos jugadores zambulléndose. Rara vez hay muchas posibilidades de compostura.

- Valentía: a menudo el jugador tardío que llega al segundo poste tendrá que lanzar un cabezazo hacia un centro, o lanzarse para desviar el balón.
- Un disparo preciso desde el borde de la meta. A menudo será el primer toque, y por lo tanto la buena técnica y la posición del cuerpo son importantes.

Jugadas en equipo: El Uno/Dos

Como hemos visto, para crear oportunidades de gol en situaciones de juego abierto, la inyección movimiento en un ataque es un atributo crucial. Una forma de hacerlo es usar el pase de primer toque, incluyendo el uno/dos, considerado difícil de defender.

Este movimiento involucra a un jugador que da un pase a un compañero de equipo y recibe un primer pase de toque a cambio. El jugador se mueve hacia adelante y hacia el espacio, y la velocidad del pase significa que se crea el espacio. Este tipo de ataque, cuando tiene éxito alrededor del área, a menudo crea una oportunidad de gol. Otra ventaja es que los defensas fuera de posición frecuentemente cometen faltas que conducen a oportunidades de tiro a balón parado.

Ejercicio: Como en muchos otros ejercicios, estas habilidades pueden desarrollarse lentamente. Un buen punto de partida es una cuadrícula de 10 x 10 metros y cinco jugadores. Un jugador está en el centro de la cuadrícula, y los otros en las cuatro líneas exteriores.

El jugador del centro hace un pase a un compañero de equipo en el exterior del cuadro, que da un pase de vuelta al primer toque. El jugador central luego le hace un pase a otro compañero de equipo. La velocidad y el peso del pase mejoran con la práctica, y los jugadores se vuelven más hábiles y confiados con el primero. El jugador central se acostumbra a conseguir la posición correcta de su cuerpo para recibir y proteger el balón, y también a dejarlo en manos de otro compañero de equipo.

El ejercicio puede desarrollarse primero añadiendo un defensor para presionar al jugador central.

A continuación, se puede jugar en un campo con tres jugadores y los mismos conos defensivos que en muchos de los ejercicios mencionados anteriormente. Hay un pateador, un receptor y un portero. El pateador pasa la pelota al receptor, que la protege y da un primer toque, recibiéndola en el medio giro. El pateador recoge el pase y dispara.

La posición del cuerpo es crucial aquí ya que el receptor estará bajo presión. Debe tener el hombro hacia la pelota para estar medio girado con un centro de gravedad bajo y los brazos extendidos para apoyarse.

El simulacro se desarrolla aún más con la adición de un defensor en el campo.

El uno/dos puede desarrollarse en movimientos de pases al primer o segundo toque de todo el equipo. Aquí, el balón se mueve rápidamente presionando a los defensores y sacándolos de su posición. Estas jugadas en equipo pueden ser trabajadas en el entrenamiento con cinco jugadores paralelos, y jugadas de posesión de uno o dos toques.

Jugadas en equipo: Creando espacio para el pase asesino - corriendo lejos de la pelota

El fútbol es un juego de equipo, y algunos de los mejores jugadores, y los más fáciles de tener en un equipo, son los jugadores desinteresados dispuestos a hacer carreras lejos del balón para crear espacio para sus colegas.

Estas carreras pueden sacar a los defensores de su posición, permitiendo a un delantero continuar su carrera, o hacer el espacio para un pase.

Esta habilidad se desarrolla mejor a través de pequeños juegos.

Ejercicio: Un buen punto de partida es un juego de 4 x 4, donde el objetivo es mantener la posesión, en una pequeña cuadrícula de 20 x 20 metros. Para mantener la posesión, el equipo tendrá que correr lejos el balón para crear espacio.

Puntos de entrenamiento:

- El entrenador debe fomentar la comunicación. Una de las claves para correr lejos de la pelota es que un defensor debe saber que está sucediendo. De esa manera la defensa rastreará las pistas, creando el espacio necesario.

- Los buenos entrenadores paran las sesiones a menudo, señalando las carreras efectivas, y las que añaden poco al equipo ofensivo.

- Los jugadores deben ser animados a hacer pases y moverse continuamente. Esto implica un buen primer toque que protege el balón y permite un rápido pase de retorno.

En la situación del partido, correr lejos del balón permite al jugador en posesión tener tiempo y opciones para pasar o correr con el balón.

Jugadas en equipo: Alta presión

Si volvemos al segundo capítulo de este libro, nos fijamos en la importancia de la transición. Una forma de lograr la transición es también una especie de juego ofensivo, y eso es la alta presión.

Aquí, un equipo trabaja en conjunto para presionar a un defensa mientras busca jugar y lanzar su propio ataque. Muchos equipos exitosos trabajan duro con la presión. Requiere un buen trabajo en equipo, comunicación y excelentes niveles de aptitud física y mental, ya que se requiere correr mucho. Por consiguiente, es importante establecer esos niveles de aptitud física en las sesiones de entrenamiento.

La alta presión es un juego de equipo particularmente útil para el ataque porque cuando tiene éxito, significa que los jugadores ya están en posición de apoyar un ataque después de la transición de la posesión.

Esta maniobra funciona porque el equipo presiona al jugador con el balón, a ser posible desde el portero, y los compañeros de equipo cierran al oponente para que cada vez sea más difícil encontrar un pase fácil para el equipo que tiene la posesión.

Gradualmente, los oponentes tienen cada vez menos tiempo con el balón, y por lo tanto su propio pase es presionado. Eso significa que es probable que se vuelva menos preciso. Eso, a su vez, presiona al receptor para controlar lo que podría ser un mal pase cuando ellos mismos estén rápidamente bajo presión. Eventualmente, cuando la alta presión funciona bien, los equipos pierden la posesión ya sea a través de una intercepción o un robo. La transición se realiza entonces a ritmo, como en los ejemplos del capítulo anterior, pero también con un efecto creciente porque los jugadores ya están en posiciones de ataque en el campo, habiendo estado allí para emprender su propia presión.

Ejercicios: Una buena forma de empezar es jugar un juego de posesión 3 contra 2 en un pequeño cuadrado de 10 x 10 metros. Para ello, cada lado tiene dos jugadores, mientras que el quinto jugador lleva un chaleco de identificación, y siempre juega en el lado que tiene la posesión. El equipo sin el balón busca cerrar a los oponentes presionándolos a cometer errores. Cuando la pelota sale del cuadrado, o se hace una intercepción o un robo, la posesión cambia y el jugador con el chaleco se une al otro lado.

Este simulacro puede entonces aumentar en cada cuadrícula más grande a 4 v 3, 5 v 4 etc., antes de convertirse en una práctica de partido a escala completa.

Las habilidades clave para el entrenador son:

- Asegurar la comunicación para que todos los jugadores entiendan su trabajo.
- Asegurar que el equipo encierra a los contrarios aplicando presión. El robo sólo debe intentarse cuando se pierde el control del balón de un individuo. Por lo tanto, la paciencia es una virtud a potenciar.
- Es aceptable obligar al equipo que tiene la posesión a jugar una larga partida, ya que eso suele significar una transferencia de la posesión. Lo que no es aceptable es que se disponga de un pase fácil de salida porque un jugador no encierra a su oponente, o se compromete en exceso con la presión. Eso significaría que el trabajo duro de los compañeros de equipo se desperdicia.

Habilidades individuales

El elemento final del juego ofensivo son las habilidades individuales de un jugador en el dribleo, el pase y el disparo que pueden crear oportunidades ofensivas. Estas habilidades pueden desarrollarse en el entrenamiento y aplicarse en los partidos.

Algunos jugadores tienen, por supuesto, más habilidad en estas áreas que otros, pero un buen entrenamiento hará que todos los jugadores se sientan cómodos con el balón y, por lo tanto, es más probable que se sumen a los elementos ofensivos de un partido.

Las habilidades individuales que se pueden trabajar en la capacitación incluyen:

- Correr a ritmo, usando los cordones para asegurar que la pelota se mueva sin romper el paso.
- Habilidades de dribleo, incluyendo el cambio de dirección, paso por encima, giro (como el giro Cruyff) y arrastre.
- Habilidades de pases como pases flotantes, pases con giro hacia atrás, pases con el interior y exterior del pie y tanto el pase corto como el largo. El paso de primer toque es, como vimos arriba, una habilidad vital.
- Habilidades de tiro como conducir con la parte superior del pie, romper, "pasar el balón a la red" con el lateral del pie, tiros aéreos y cabecear, debe ser hacia abajo, generándose la potencia por los fuertes músculos del cuello.

Formaciones de equipo

La formación de un equipo también puede dar una pista de su intención de ataque. Jugar cinco en la parte de atrás es en realidad bastante ofensivo, ya que da mayor oportunidad a los laterales de adelantarse y apoyar las jugadas ofensivas. Jugar con dos jugadores de contención en el centro del campo, como en 4, 2, 3, 1 quita algunas de las tareas defensivas de los tres mediocampistas atacantes y da mayor seguridad con el balón, cosa que se pierde durante un ataque. Los mejores equipos serán fluidos en su formación, pasando de, por ejemplo, 4, 5, 1 al defender, a 5, 2, 3 al avanzar.

Conclusión

Espero que este libro sobre jugadas ofensivas en el fútbol te haya sido útil, y que haya ideas y ejercicios que puedas adaptar a tu propio equipo o juego. Hemos aprendido en este libro la importancia de la transición en el juego ofensivo. Hemos descubierto las mejores formas de realizar jugadas a balón parado y hemos analizado muchos de los trucos y tácticas que crean oportunidades de gol en el juego abierto.

El juego ofensivo o atacante es el corazón del futbol, y es el elemento del deporte que más debe ser fomentado. Las tendencias actuales muestran que incluso en el nivel profesional más alto, los entrenadores están aprendiendo que el juego de ataque casi siempre gana a las tácticas negativas.

Eso es para el beneficio de todos. A la mayoría de los jugadores, incluso a los defensores, les encanta atacar; a los entrenadores les gusta verlo y a los espectadores les encantan los elementos de un juego que los pone en pie: el dribleo, el disparo, el pase incisivo, el gol.

Que continúe por mucho tiempo.

www.ingramcontent.com/pod-product-compliance
Lightning Source LLC
Chambersburg PA
CBHW071543080526
44588CB00011B/1773